Hallo!
Wörter zu sammeln macht Spaß! Willst du mir dabei helfen? Dann hol schnell deine schönsten Stifte, und schon geht es los! Am Ende verleihe ich dir dann die Meisterurkunde in der Umschlagklappe.
Viel Spaß! Dein Logli
Auf welchen acht Seiten findest du meinen kleinen Wörterwurm?
Blume
Hase
Maus
Ball
Puppe
Auto
Dieses Heft gehört:
Name:
Alter:
Klasse:
Lehrer/Lehrerin:

Großes und kleines Abc

Logli hat ein Abc-Spiel gebastelt. Es gehören immer ein großer und ein kleiner Buchstabe zusammen. Verbinde die Paare mit Linien, und schreibe das Abc dann in der richtigen Reihenfolge auf.

A – a,

Anlaut-Rätsel

Logli ist ganz aufgeregt: Er hat eine geheime Nachricht bekommen!
Trage bei jedem Bild den passenden Anfangsbuchstaben ein,
dann kannst du die Wörter lesen.

Namenwörter finden

Im alten Haus haben sich acht Tiere versteckt, um ihren Freund Logli zu überraschen. Kreise sie ein, wenn du sie gefunden hast.

W	R	K	A	T	Z	E	X
M	E	T	I	H	U	N	D
D	E	N	T	E	L	U	C
K	A	V	M	A	U	S	P
U	Y	I	G	E	L	J	O
R	E	G	E	V	O	A	S
K	U	H	C	H	A	S	E
D	B	A	V	O	G	E	L

Reimwörter bilden

Der kleine Feuerdrache Fredo spuckt Reimwörter an den dunklen Nachthimmel. Doch einige Wörter sind nicht vollständig. Kannst du sie ergänzen?

Logli sucht seinen Freund, den kleinen Feuerdrachen Fredo.
Leider erkennt er in der Dunkelheit nur Schatten. Findest du Fredo?
Kreise das richtige Schattenbild rot ein.

Purzelwörter

Der Wind hat alle Wörter durcheinander gepustet.
Kannst du die Purzelwörter trotzdem lesen?
Schreibe sie richtig zu den passenden Bildern.

Farben

Logli malt ein Bild von seinem Spaziergang. Hilf ihm, und spure die Wörter auf den Tuben und Töpfen in den passenden Farben nach. Male dann alles so, wie Logli es erklärt.

Geheimschrift

Was möchte Logli mit an den Strand nehmen? Schreibe die Geheimschriftwörter richtig auf, schon weißt du es.

Zahlen schreiben

Oje, bei den Zahlwörtern sind alle Anfangsbuchstaben verschüttet worden! Trage die fehlenden Buchstaben ein, und schreibe die Zahlen dann in der richtigen Reihenfolge auf.

____

____

Wiewörter

Auf dem Bauernhof gibt es so viele Tiere! Logli hat bei seinem Besuch Fotos gemacht. Doch zu welchem Foto gehört welches Wiewort? Schreibe jeweils das passende Wort dazu.

Oh, wie süß! Wenn du die Buchstaben nach dem Abc verbindest, siehst du, was für ein Tier hier im Körbchen liegt.

A	B	C	D	E	F	G	H	I	J	K	L	M
N	O	P	Q	R	S	T	U	V	W	X	Y	Z

Richtige Wörter finden

Das kleine Burggespenst hat nur Unsinn im Kopf! Es hat überall falsche Wörter eingeschmuggelt. Streiche sie durch, und schreibe das jeweils richtige Wort noch einmal auf.

Gitterrätsel

Löse das Rätsel, und schreibe die Namen der Dinge in die Kästchen. Die Buchstaben in den farbigen Feldern verraten dir, wie das kleine Burggespenst heißt.

Wörter nachspuren

Was muss Logli für die Schule einpacken? Spure die Wörter auf dem Schreibtisch nach, und verbinde sie mit dem jeweils richtigen Bild. Male diese Sachen farbig aus.

In der Pause ist was los! Trage ein, was die Kinder alles tun.
Die Lösungsbuchstaben verraten dir dann, was Logli in der Pause am liebsten macht.

Wörterrahmen

Oje! Logli ist krank und muss im Bett liegen. Schreibe die Körperteile von Loglis Poster richtig in die Wörterrahmen. So erfährst du, was ihm fehlt.

Male den Blumenstrauß für Logli in deinen schönsten Farben an.
Dann freut er sich und wird sicher schnell wieder gesund!

Bilderrätsel

Löse das Bilderrätsel, und bringe die Buchstaben in den farbigen Feldern in die richtige Reihenfolge. Dann erfährst du, welches Tier bei Logli im Garten wohnt.

Einzahl und Mehrzahl

In Loglis Garten gibt es noch viele andere Dinge. Er hat sie für dich aufgemalt. Schreibe jeweils die passenden Wörter zu den Bildern.

Silben verbinden

Was bekommt Logli zum Geburtstag? Schreibe die Wörter richtig auf, dann weißt du es. Du musst immer zwei Silben verbinden.

Purzelsätze

Loglis Purzelsätze verraten dir, was auf seinem Geburtstag alles passiert. Schreibe die Sätze richtig auf.

Kuchen. | isst | Papa

Hasen. | Opa | den | sucht

spielen | und | Fußball. | Oma | Mama

Wörterschlangen

So viele spannende Märchen! Logli hat vor Aufregung vergessen, Abstände zwischen den Wörtern zu lassen. Trenne die Wörter mit einem Strich, und schreibe sie noch einmal richtig auf.

Im Märchenwald ist einiges durcheinander geraten. Verbinde immer die beiden Bilder, die zusammengehören. Dann verraten dir die Lösungsbuchstaben Loglis Lieblingsmärchen.

Wörter mit B im Anlaut

Logli hat ein Wolkenrätsel für dich gemacht. Male alle **B**-Wolken bunt an, dann erkennst du, was Logli geschrieben hat.
Kreise die richtigen Dinge ein.

Rückwärts geschriebene Wörter

Was heißt denn das? Loglis Computer zeigt alle Wörter rückwärts an.
Kannst du sie trotzdem lesen? Schreibe sie richtig herum auf.

Lückenwörter

Oje, Loglis Einkaufszettel ist ganz verschmutzt. Hilf Logli, und trage die fehlenden Buchstaben ein. Male dann die richtigen Dinge in Loglis Korb.

Reimpaare finden

Was isst Logli am liebsten? Reime mit Logli, dann verraten es dir die Lösungsbuchstaben. Kreise das richtige Gericht ein.

Purzelwörter

Piraten-Pit hat jede Menge Schätze gesammelt. Kannst du lesen, was in welche Schatzkiste gehört? Male jeweils das Passende hinein, und schreibe die Wörter richtig dazu.

Logli sammelt Wörter in einer Wörter-Schatzkiste. Fülle die Kiste mit deinen zehn Lieblingswörtern, und schreibe sie für Logli in deiner schönsten Schrift auf.

Lösungen

Seite 2/3: So gehören die Buchstaben zusammen:

A – a, B – b, C – c, D – d, E – e, F – f, G – g, H – h, I – i, J – j, K – k, L – l, M – m, N – n, O – o, P – p, Q – q, R – r, S – s, T – t, U – u, V – v, W – w, X – x, Y – y, Z – z

Seite 4: Die Nachricht lautet: KOMM ZUM ALTEN HAUS!

Seite 5: Hier sind die acht Tiere versteckt:

W	R	K	A	T	Z	E	X
M	E	T	I	H	U	N	D
D	E	N	T	E	L	U	C
K	A	V	M	A	U	S	P
U	Y	I	G	E	L	J	O
R	E	G	E	V	O	A	S
K	U	H	C	H	A	S	E
D	B	A	V	O	G	E	L

Seite 6: Die Reimwörter lauten: HAUS – MAUS, NASE – HASE, MUND – HUND, TATZE – KATZE und TURM – WURM.

Seite 7: Das ist das richtige Schattenbild:

Seite 8: Die Purzelwörter lauten: Wald, Baum, Blatt, Blume und Gras.

Seite 9: Die Farben sind: grün, rot, gelb, blau und braun.

Seite 10: Das möchte Logli mit an den Strand nehmen: Apfel, Limo, Ball, Buch und Hut.
Das Auto und die Puppe bleiben zu Hause.

Seite 11: Das ist die richtige Zahlenreihenfolge:
1 eins, 2 zwei, 3 drei, 4 vier, 5 fünf, 6 sechs, 7 sieben, 8 acht, 9 neun, 10 zehn.

Seite 12: Die Kuh ist groß. Die Maus ist klein.
Die Eierschale ist hart. Das Küken ist weich.
Der Hund ist lieb.

Seite 13: Im Körbchen liegt eine Katze.

Seite 14: Die richtigen Wörter sind: Bach, Rose, Sonne, Berg und Mond.

Seite 15: Die Wörter lauten: TRUHE, GESPENST, TOR, BURG, RITTER, UHR und TURM.
Das kleine Burggespenst heißt HERBERT.

Seite 16: Logli muss Heft, Buch, Stift, Pinsel und Lineal für die Schule einpacken.

Seite 17: Klara lacht laut. Nina schaukelt.
Max findet einen Ball. Tommi rennt herum.
Logli sagt: „Ich laufe in der Pause am liebsten."

Seite 18: Logli hat HALSSCHMERZEN.

Seite 20: Die Wörter sind: WIESE, VOGEL, APFEL und BLUME sowie BLATT, AST, BAUM und BIRNE.
Bei Logli im Garten wohnt ein kleiner IGEL.
Er schläft gerne im LAUB.

Seite 21: In Loglis Garten gibt es noch: vier Vögel, drei Mäuse, zwei Bäume, viele Blätter und fünf Äpfel.

Seite 22: Das bekommt Logli zum Geburtstag: Fußball, Hase, Blumen und Kuchen.
Die Puppe ist nicht für Logli.

Seite 23: So sind Loglis Sätze richtig:
Papa isst Kuchen.
Opa sucht den Hasen.
Mama und Oma spielen Fußball.

Seite 24: Die Wörter lauten: Hexe, Haus, Katze; König, Krone, Gold; Wolf, Wald, Kind.